公路工程施工标准化指南系列

Gaosu Gonglu Shigong Biaozhunhua Jishu Zhinan
高速公路施工标准化技术指南

Diyi Fence　　Gongdi Jianshe
第一分册　工地建设

交通运输部公路局

人民交通出版社
China Communications Press

内 容 提 要

本书为《高速公路施工标准化技术指南》工地建设分册，系在总结吸纳全国各地高速公路工地建设实践经验和成果的基础上编制而成，图文并茂地对工地建设规范化管理的具体要求进行了说明，体现了现代工程管理的理念。本书对于提高建设管理水平，改善参建单位生产生活环境，消除安全隐患具有很好的指导作用。

本书适用于新建、改（扩）建高速公路项目的工地建设管理，高速公路、一级公路的大中修工程及其他等级公路可参考使用。

图书在版编目（CIP）数据

高速公路施工标准化技术指南. 第1分册，工地建设／交通运输部公路局组织编写. — 北京：人民交通出版社，2012.11

ISBN 978-7-114-10155-7

Ⅰ. ①高… Ⅱ. ①交… Ⅲ. ①高速公路–道路施工–标准化管理–中国–指南②高速公路–道路施工–施工现场–标准化管理–中国–指南 Ⅳ. ①U415.1-62

中国版本图书馆 CIP 数据核字（2012）第 247518 号

公路工程施工标准化指南系列

书　名：	高速公路施工标准化技术指南　第一分册　工地建设
著　作　者：	交通运输部公路局
责任编辑：	孙玺　岑瑜
出版发行：	人民交通出版社
地　　址：	（100011）北京市朝阳区安定门外外馆斜街3号
网　　址：	http://www.ccpress.com.cn
销售电话：	(010)59757973
总　经　销：	人民交通出版社发行部
经　　销：	各地新华书店
印　　刷：	中国电影出版社印刷厂
开　　本：	880×1230　1/16
印　　张：	3.5
字　　数：	63千
版　　次：	2012年11月　第1版
印　　次：	2024年2月　第12次印刷
书　　号：	ISBN 978-7-114-10155-7
定　　价：	20.00元

（有印刷、装订质量问题的图书由本社负责调换）

《高速公路施工标准化技术指南》
编审委员会

主 任 委 员：冯正霖
副主任委员：李　华　　陈胜营　　陈培健
委　　　员：黄祥谈　　贾绍明　　冯明怀　　何　平　　周荣峰
　　　　　　张竹彬　　徐成光　　艾四芽　　黄成造　　薛生高
　　　　　　陈　飚　　李志强　　缪玉玲　　张　军

本册编写人员

主　　　编：贾绍明
副 主 编：邓小华　　张竹彬
参编人员：黄成造　　夏振军　　吴玉刚　　卢正宇　　苏堪祥
　　　　　　兰恒水　　陈明星　　马召辉　　张　利　　李恒俊
　　　　　　王安怀　　张长亮　　刘永忠　　敖道朝　　艾四芽
　　　　　　陈荣刚　　王恒斌

序

在科学发展观指导下,各地交通运输部门积极探索转变公路建设发展方式的有效途径。部在总结各地经验的基础上,适时提出了推行现代工程管理的总体要求,明确了"发展理念人本化、项目管理专业化、工程施工标准化、管理手段信息化、日常管理精细化"的工作思路,并在全国范围内组织开展了高速公路施工标准化活动。

活动开展两年来,各地围绕施工标准化要求,从当地实际出发,细化施工过程控制,注重成熟工艺和先进技术的推广应用,着力解决质量通病问题,在实体工程质量、安全管理水平、文明施工面貌、职工队伍素质、社会经济效益等方面都取得了良好效果。

为全面总结推广各地施工标准化的成功经验,部公路局组织福建、广东、陕西、江苏等省共同编写了《高速公路施工标准化技术指南》一书。这套系列丛书由工地建设、路基工程、路面工程、桥梁工程、隧道工程五个分册组成,并附有施工组织设计、配合比设计、检测指标等参考附录,涵盖了高速公路建设的主要领域,兼顾了指标先进性和全国普遍性的要求,内容丰富,图文并茂,体现了当前高速公路施工标准化的新水平,是高速公路施工标准化活动阶段性成果的总结与凝练,对于深入推进标准化活动具有重要的指导作用。

当前,我国公路建设正处于快速发展的关键时期,坚持不懈地推动公路建设又好又快发展,不断满足经济发展、社会进步和人民群众日益增长的出行需求,是今后相当长时期内公路建设的主要任务。为此,必须以科学发展为主题,以加快转变发展方式为主线,以结构调整为主攻方向,大力推行现代工程管理,注重资源节约和保护环境,努力实现安全发展、高效发展、绿色发展、可持续发展。

公路建设要实现新的突破和转变,就要推广先进的理念和成熟的工艺,实行科学的管理和标准化的作业。希望广大公路建设者在认真贯彻《指南》要求的同时,不断总结实践经验,因地制宜,开拓创新,将公路施工标准化活动推向深入,在提高质量、确保安全、节能环保、降低成本等方面创造更多经验,为推进我国高速公路事业又好又快发展作出新的贡献。

2012 年 11 月 19 日

前 言

为加快推行现代工程管理，促进公路建设"发展理念人本化、项目管理专业化、工程施工标准化、管理手段信息化、日常管理精细化"，提升工程质量、安全管理水平，树立行业文明施工形象，交通运输部决定自2011年起，在全国开展高速公路施工标准化活动，并组织编写《高速公路施工标准化技术指南》（以下简称《指南》）。《指南》共五个分册（工地建设、路基工程、路面工程、桥梁工程、隧道工程），是在现行公路工程标准、规范的基础上，针对工程质量通病和管理薄弱环节，充分吸纳了各地施工标准化的经验和成果，总结了近年来工程建设行之有效的成熟工艺、先进装备和制度措施，体现了现代工程管理的具体要求。

本书为《指南》第一分册工地建设，对驻地建设的选址条件、建设标准和布局提出了具体要求，强调硬件设施、保障措施及施工要素的有效配置，着力改善参建单位生产生活环境；推行混合料（混凝土）集中拌制、钢筋集中加工、混凝土构件集中预制的"三集中"制度，促进施工现场的集约化管理、工厂化生产、专业化施工；强化各参建单位的人员管理和制度建设，规范了临时工程和安全文明施工的有关要求。

本《指南》可供公路工程各参建单位、参建人员使用，各地对其中有关的具体指标可根据实际情况进一步细化或强化要求，对未尽事宜应予补充完善。使用过程中发现的问题和修改意见，请反馈至交通运输部公路局（北京市建国门内大街11号，邮编100736），以便修订时改进。

编 者

2012年11月12日

目 录

1 总则 ·· 1
2 驻地建设 ··· 2
  2.1 一般规定 ·· 2
  2.2 驻地选址 ·· 2
  2.3 场地建设 ·· 2
  2.4 硬件设施 ·· 3
  2.5 试验室建设 ··· 6
  2.6 其他要求 ·· 9
3 场站建设 ··· 10
  3.1 一般规定 ·· 10
  3.2 拌和站 ··· 11
  3.3 钢筋加工场 ··· 13
  3.4 预制梁场 ·· 14
  3.5 小型构件预制场 ··· 18
  3.6 施工材料存放 ·· 19
4 人员管理 ··· 23
  4.1 一般规定 ·· 23
  4.2 建设单位 ·· 23
  4.3 监理单位 ·· 24
  4.4 施工单位 ·· 25
  4.5 试验室 ··· 27
5 制度建设 ··· 28
  5.1 一般规定 ·· 28
  5.2 政府监督机构 ·· 28
  5.3 建设单位 ·· 28

5.4	设计单位	29
5.5	监理单位	29
5.6	施工单位	30

6 临时工程 ······ 31
6.1 一般规定 ······ 31
6.2 临时用电 ······ 31
6.3 施工便道便桥 ······ 32

7 文明施工 ······ 35
7.1 一般规定 ······ 35
7.2 路基工程 ······ 36
7.3 路面工程 ······ 36
7.4 桥涵工程 ······ 37
7.5 隧道工程 ······ 38
7.6 附属工程 ······ 40

附录 A 驻地标识标牌设置 ······ 41

附录 B 场站标识标牌设置 ······ 44

1 总则

1.0.1 为规范高速公路工地建设管理,改善高速公路参建人员生产、生活环境,充分采用工厂化、集约化的施工措施,优化资源配置,节约工程成本,提高工作效率,落实安全、环保、水保管理理念,提升工程项目管理水平和行业文明施工形象,确保项目工程质量,结合全国高速公路工地建设的实际情况,编制本指南。

1.0.2 本指南主要依据国家、交通运输部等工程建设主管部门发布的与工地建设相关的文件、标准、规范、规程、指南,以及行业内采取的成熟和先进的施工工艺与管理办法编制。

1.0.3 本指南适用于新建、改(扩)建高速公路项目的工地建设管理,其他等级公路可参照执行。

1.0.4 工地建设应满足安全、环保、实用、以人为本的要求,统筹规划、合理布局、因地制宜、节约资源。

1.0.5 工地建设应坚持按照选址、规划、制订方案、审批及核备、建设等程序组织实施。工地建设临时用地应按照国家及地方有关规定办理审批手续,工程完工后应按规定进行复垦,并验收合格。

1.0.6 工地建设除应符合本指南外,还应符合国家现行有关标准和规范规定。

1.0.7 项目建设单位应根据项目工程内容、工程大小以及施工条件等情况开展规划,做到"合理划分标段、合理制定标价、合理确定工期",确保项目建设严格按照标准化要求实施。

2 驻地建设

2.1 一般规定

2.1.1 驻地建设一般包括建设单位驻地、监理单位驻地、施工单位驻地以及工地试验室的建设。

2.1.2 驻地建设应体现以人为本的理念,着力改善项目各参建单位的生产、生活环境。

2.1.3 驻地建设应因地制宜,尽量减少对环境的影响。

2.2 驻地选址

2.2.1 选址位置宜靠近工程项目现场的中间位置,应远离地质自然灾害区域,用地合法,周围无塌方、滑坡、落石、泥石流、洪涝等自然灾害隐患,无高频、高压电源及油、气、化工等其他污染源。满足安全、环保、水保的要求,交通、通信便利,水电设施齐全。

2.2.2 离集中爆破区500m以外,不得占用独立大桥下部空间、河道、互通匝道区及规划的取、弃土场。

2.2.3 为方便其他人员找寻驻地或拌和场等,在各驻地单位、拌和场、预制场附近主干道应设置指路牌;指路牌统一大小、颜色,可参照附录A设置。

2.3 场地建设

2.3.1 可自建或租用沿线合适的单位或民用房屋,但应坚固、安全、实用、美观,并满足工作、生活需求,自建房还应安装、拆卸方便且满足环保要求。(图2.3.1)自建房屋最低标准为活动板房,建设宜选用阻燃材料,搭建不宜超过两层,每组最多不超过10栋,组与组之间的距离不小于8m,栋与栋之间的距离不小于4m,房间净高不低于2.6m。驻地办公区、生活区应采用集中供暖设施,严禁电力取暖。为节约资源,建设单位宜尽早规划、建设后期营运管理中心,并尽可能利用营运管理中心作为项目建设的驻地。

2.3.2 宜为独立式庭院,四周设有围墙,有固定出入口。有条件的,可在出入口设置保卫人员。

2.3.3 办公、生活用房建筑面积和场地面积应满足办公和生活需要。

2.3.4 办公区、生活区及车辆、机具停放区等布局应科学合理,办公区、生活区等应分区管理,合理规划人车路线,尽可能减少不同区域间的互相干扰。区内场地及主要道路应做硬化处理,排水设施完善,庭院适当绿化(图2.3.4),环境优美整洁,生活、生产污水和垃圾应集中收集处理。

图2.3.1 驻地全景

图2.3.4 驻地庭院

2.4 硬件设施

2.4.1 各单位驻地办公用房应按照管理需要设置,一般设置如下:
(1)建设单位一般设总经理(项目办主任、指挥长)办公室、副总经理办公室、总工程师办公室、各职能部门办公室、档案室、会议室等。
(2)监理单位一般设总监理工程师(驻地高监)办公室、副总监理工程师办公室、各职能部门办公室、档案室、试验室、会议室等。
(3)施工单位项目部一般设项目经理办公室(书记办公室)、项目总工程师办公室、项目副经理办公室、各职能部门办公室、档案室、试验室、会议室等。

2.4.2 各单位驻地办公用房面积应满足办公需要,一般不低于表2.4.2的规定。

各单位驻地办公用房面积标准　　　　表2.4.2

各室名称	配备标准（m²）			备注
	建设单位	监理单位	施工单位	
办公室	6	6	6	人均面积
会议室	100	60	60	具备多媒体功能
档案资料室	60	40	20	
试验室	—	175	180	各操作室合计面积

2.4.3 驻地办公用房应实用、美观、隔热、通风、防潮，各室功能应满足以下要求：

1）办公室

（1）通风、照明良好，并设有防暑、降温、取暖设备。

（2）满足项目信息化管理要求，配备必要的信息化硬件设施，满足施工信息收集、整理、传送以及工程进度、质量、安全、计量、变更等信息化管理的要求。

图2.4.3　档案室

2）会议室

（1）通风、照明良好，并设有防暑、降温、取暖设备。

（2）配备必要的会议桌、椅子、写字板、多媒体等常用会议设施。

3）档案室（图2.4.3）

（1）通风、照明良好，并设有防潮、防火、防盗、防尘、防有害生物（虫、霉、鼠等）、防高温等设施。

（2）所有档案资料由专人负责管理，建立借阅登记制度，宜保存在专用档案柜或档案架，应分门别类，做好标识，归档的档案盒样式统一。

2.4.4 为推行高速公路建设信息化管理，建设单位应建立并应用覆盖公路项目建设管理全过程的信息系统，将工程质量、安全、进度、投资以及设计变更和试验检测等管理内容纳入系统；具备条件的项目应对特大桥、特长隧道、高边坡等重点工程建立远程监控系统，实行动态管理。监理单位及施工单位应积极配合建设单位信息化管理要求，配备相应的信息化办公系统和具备施工信息收集、整理、传送的基本设施。

2.4.5 所有班组（含劳务人员）应纳入施工工区集中居住、统一管理，生活用房建设应体现以人为本的理念，应实用、美观、隔热、通风、防潮，施工工区生活用房建设的最低标准见表2.4.5，建设单位、监理单位、施工单位项目部生活用房建设标准应不低于施工工区生活用房的建设标准。各单位生活用房应设宿舍、食堂、浴室、厕所等，具备条件的应设文体活动室、活动场地、医疗室等。

各单位驻地生活用房面积标准　　　　表 2.4.5

各 室 名 称	配备标准(m²)	备　　注
宿舍	3.5	人均面积
食堂(含餐厅)	0.8	人均面积
浴室	0.3	人均面积,总面积不小于20m²
厕所	0.2	人均面积,总面积不小于20m²

1)宿舍(图 2.4.5-1)

(1)每间宿舍面积原则上不超过 30m²,居住人员不宜超过 8 人,人均使用面积不小于 3.5m²。

(2)宿舍内门窗(可开启式)设置齐全,门净宽不小于 0.8m,室内通风、照明良好,地面应硬化、防潮,有条件的可铺砌瓷砖,室外应设专门的晾衣处。

(3)宿舍内严禁使用通铺,保证每人单铺(可上下铺),单铺不得超过 2 层,床铺应高于地面 0.3m,人均床铺面积不小于 2m²,床铺间距不小于 0.5m。

(4)宿舍内应设置生活用品专柜,个人物品摆放整齐,宜统一床单被罩。室内严禁存放易燃、易爆物品,严禁乱拉电线、明火做饭和使用大功率电器设备。

(5)设有专人保洁,夏季有消暑、防蚊虫叮咬措施,冬季有保暖措施。

2)食堂(图 2.4.5-2)

(1)食堂宜设置在离厕所、垃圾站及有害物质场所不小于 20m 以外的位置,与办公用房、生活用房距离不小于 10m。

(2)食堂净空不小于 2.8m,门净宽不小于 1.2m,人均使用面积不小于 0.8m²。

(3)食堂内设置独立的制作间、储藏间,并配有消毒设备,燃气罐应单独设置存放间(通风良好),地面应做硬化和防滑处理,配备纱门、纱窗、纱罩等。食堂排水系统良好,避免污水淤积。

图 2.4.5-1　宿舍

图 2.4.5-2　食堂

3)浴室

(1)浴室地面应作防滑处理,使用防水灯具和开关,并定时保证充足的冷、热水供给,排水、通风良好。

(2)浴室人均使用面积不小于 $0.3m^2$,总面积不小于 $20m^2$,淋浴喷头数量与人员比例不小于 1:10,淋浴间与更衣间分离设置,更衣间内应设置长凳、储衣柜或挂衣架。

图 2.4.5-3 厕所

4)厕所(图 2.4.5-3)

(1)厕所应男女分设,且应为通风、采光良好的可冲洗式或移动式厕所,地面应作防滑处理,并配备纱门、纱窗。

(2)厕所人均使用面积不小于 $0.2m^2$,总面积不小于 $20m^2$,蹲位数量与人员比例不小于 1:10,大小便池内镶贴瓷砖。

(3)厕所应指定专人负责卫生工作,应定时进行清扫、冲刷、消毒,防止蚊蝇孳生,化粪池应及时清掏,要符合卫生要求。

5)文体活动室、活动场地、医疗室

(1)文体活动室面积一般不小于 $20m^2$,具备活动、学习条件,通风、照明等设施良好,书籍、报刊、杂志等配备齐全。

(2)活动场地包括乒乓球场、篮球场、羽毛球场以及相关的健身、娱乐等活动场所。

(3)医疗室可根据现场人员数量和驻地距离医疗机构的方便程度设置,并配备必要的医疗设备、药物等。有条件的可配备相应的医务人员。

2.5 试验室建设

2.5.1 一般规定

(1)工地试验室是指公路工程建设从业单位在工程现场为质量控制和检验工作需要而设立的临时试验室。建设应满足《公路水运工程试验检测管理办法》的有关规定,由取得《公路水运工程试验检测机构资质等级证书》(等级证书)的试验检测机构(母体试验检测机构)授权设立,且授权的试验检测项目和参数不得超出其等级证书核定的业务范围。母体试验检测机构对工地试验室的试验检测行为及结果承担责任。

(2)施工、监理单位应在工程正式开工前,根据合同承诺,经授权在工程现场设立与工程内容相适应的工地试验室。不具备设立工地试验室条件的施工、监理单位和有需设立工地试验室的建设单位,可委托取得"等级证书"和"计量认证证书"的第三方试验检测机构在工程现场设立。

(3)工地试验室应经有权单位组织认定合格,并取得批准后方可正式开展试验检测工作。

2.5.2 试验室面积及检测设备配置

(1)设备配置应满足投标文件承诺要求,并能够适应工程内容及规模相关要求。

(2)设备精度、量程等技术指标应满足试验规程相关要求。

(3)试验室应配备必要的试验辅助器具、工具及试验物资,且根据试验项目工作量的大小配备充足的交通工具及办公设施,至少配备1辆专用汽车。

(4)试验室通风、照明良好,并设有防暑、降温、取暖设备。各功能室面积及设施配置应满足试验检测需要,一般不低于表2.5.2规定。各功能室示例见图2.5.2-1和图2.5.2-2。

工地试验室各功能室面积标准　　　　　　　表2.5.2

各室名称	配备标准（m²）		备　注
	监理单位试验室	施工单位试验室	
档案资料室	15	15	
土工室	20	20	应配置温度控制设备
集料室	15	15	应配置温度控制设备
样品室	15	15	应按照样品状态分区
水泥室	20	20	应配置温湿度控制设备
水泥混凝土室	20	20	应配置温湿度控制设备、完善排水设施
力学室	20	20	应配置温度控制设备
标养室	20	25	应配置温湿度控制设备、完善排水设施
沥青室	20	20	应配置温度控制设备
沥青混合料室	25	25	应配置温湿度控制、大功率排风设备,对有沥青混凝土的项目需增加一间面积不小于10m²的化学室
无机结合料室	15	15	应配置温度控制设备
检测设备室	10	10	
办公室	36	30	根据试验室人数配置,人均不小于6m²,并设置防暑降温、取暖设施
会议室	20	20	满足20人开会的要求

注:工地试验室若设置在施工单位项目部或总监办驻地,可不另设会议室。此外,若场地允许可考虑增设如烘箱、沸煮箱等大功率加热设备专用室。

图2.5.2-1　力学室

图2.5.2-2　留样室

2.5.3 试验仪器、设备安装

（1）设备安装应按照设备使用说明书或试验规程相关要求进行。

（2）若设备需要安设基座与其固定，应在试验室建设时根据布局设计基座，基座顶面应保持水平，待设备就位调平后采用地脚螺栓进行固定。对基座有隔振要求的应设立不与其他建筑物直接相连的独立混凝土台座，周围存在振源时应在地面与台座间设5mm厚橡胶垫。

（3）压力机、万能材料试验机等力学设备应设置金属防护罩或安全防护网，使用的防护网（罩）应安全、美观、方便操作。

（4）各功能室电源插头宜齐整布设且高出地面1.3m以上，操作台高度宜控制在70～90cm之间，台面宽度宜为60～80cm，台面为混凝土或铺设地板砖，表面应平整，操作台下设置带有柜门的储物隔柜。

2.5.4 试验与检测

（1）试验室应当严格遵循独立、客观、及时、准确的工作原则，按照现行的国家或行业标准、规范和规程开展工地试验检测工作。

（2）试验检测数量应达到规定的频率要求。开展的试验检测项目不得超出认定的项目及参数范围，对认定范围以外的试验检测项目及参数应经建设单位认可后，委托具有相应"等级证书"和"计量认证证书"的试验检测机构承担。

（3）特殊材料的取样和送检工作，可由建设单位组织施工单位和监理单位联合进行，并送到具有交通行业资质的试验检测机构进行检验。

2.5.5 档案资料管理

（1）工地试验室的档案资料应有专人负责管理。各种试验资料应记录完整、真实有效，严禁造假。

（2）试验检测原始数据应记录在统一印制的原始记录本上，原始记录统一用黑色笔填写，应做到填写规范、字迹清晰，原始数据不得转抄或涂改，当记录或书写错误需更正时，应采用正确的"画改"方式，并在旁边填上正确数据，同时加盖刻有试验人员姓名的印章或签字。

（3）建立完整的用于工程项目一切材料的进场检验、标准试验、现场抽样试验、工艺试验、验收试验、外委试验、检测不合格报告和试验检测报告汇总等台账。

（4）试验资料归档应分类明确、齐整有序、条目清晰。出具的各类试验报告、施工配料单等资料应及时完成签认，规范归档。签字不齐全、记录或报告不完整的资料不得归档。

2.5.6 其他要求

（1）仪器设备安装完成，需经地方计量认证部门对各类检测设备进行标定。

（2）应建立健全各项工作制度和管理制度，如：试验检测工作程序，试验检测人员岗位责任制，仪器设备、档案资料、样品管理、安全、环保、卫生制度等。各项规章制度和主要设备的操作规程应上墙。

（3）工程项目开工前，应由建设单位组织监理、施工单位收集齐全本工程项目所需的现行有效的试验检测规程、规范和相关标准，并编辑目录清单下发相关文件予以明确执行。

（4）试验人员作业前应按设备的操作规程进行检查，作业中应严格遵守劳动纪律、执行操作规程和有关的安全管理制度，作业后应及时做好设备的使用、维护、保养记录。

（5）对要求在特定环境下储存的样品，应严格控制环境条件。易燃、易潮和有毒的危险样品应隔离存放，做出明显标记。

（6）试验室室内环境应保持整洁卫生；试验废弃原材料回收或存放应符合环保要求；对电磁干扰、灰尘、振动、电源电压等应严格控制，对发生较大噪声的检测项目应在装有隔音设施的功能室进行检测试验。

（7）应配备发电机组，保证试验检测工作正常、连续。试验室电路应为独立专用线，在总闸及力学室、标准养护室应安装漏电保护器。

（8）应根据项目混凝土工程量建立报废混凝土试块堆放场地，容量应满足存储3个月内所有混凝土试块数量。

2.6 其他要求

2.6.1 驻地内消防设施应满足《建设工程施工现场消防安全技术规范》的有关规定，在适当位置设置临时室外消防水池和消防沙池，配置相应的消防安全标识和消防安全器材，并经常检查、维护、保养。

2.6.2 驻地内应设置消防通道，并保证消防车道的畅通，禁止在车道上堆物、堆料或挤占消防通道。

2.6.3 驻地内使用的电气设备和临时用电应符合《施工现场临时用电安全技术规范》的规定，并按第6章6.2节相关标准设置。

2.6.4 生活污水排放应进行规划设计，设置多级沉淀池，通过沉淀过滤达到排放标准。厕所污水应通过集中独立管道进入化粪池，封闭处理。

2.6.5 驻地内应设置一个大型垃圾堆积池，容积不小于$3m \times 2m \times 1.5m$，将各种垃圾集中分类存放，定期按环保要求处置。

2.6.6 驻地内应设有必要的防雷设施，为加强驻地安全管理工作，维护企业财产安全和职工生命财产安全，在条件允许情况下驻地应设置报警装置和监控设施。

2.6.7 驻地内标识标牌设置可参考附录A规定执行。

3 场站建设

3.1 一般规定

3.1.1 场站建设一般包括拌和站、钢筋加工场、预制场、施工材料存放场等建设。

3.1.2 公路建设应推行集约化管理,工厂化生产,实现"三个集中",即:混凝土集中拌制,钢筋集中加工,混凝土构件集中预制,充分发挥集约化施工的优势。

(1)项目招标前,建设单位应充分考虑集约化施工生产的要求,统筹规划,将具备多个合同段集中生产的工程集中招标,对不具备多个合同段集中生产的工程应尽量要求在单个合同段实行集约化施工生产。

(2)路基排水工程的水沟盖板、防护工程预制块、隧道路基边沟盖板及其他设计要求的小型预制构件应集中预制,集中管理,统一工艺。

3.1.3 场站选址应满足用地合法,周围无塌方、滑坡、落石、泥石流、洪涝等地质灾害;无高频、高压电源及其他污染源;离集中爆破区500m以外;不得占用规划的取、弃土场。

3.1.4 施工材料存放应与拌和站、钢筋加工场、预制场等场地配套建设。施工单位进场后,应根据实际需要进行施工材料存放的选址与规划,明确其设置规模及位置等。

3.1.5 场站临时用电应符合《施工现场临时用电安全技术规范》的有关规定,并按第6章6.2节相关标准设置。

3.1.6 场站消防设施应满足《建设工程施工现场消防安全技术规范》的有关规定,配置相应的消防安全标识和消防安全器材,并经常检查、维护、保养。

3.1.7 施工机械设备产生的废水、废油及污水应经过处理后排放,不得直接排入河流、湖泊或其他水域中,不得排入饮用水源附近的土地中。

3.1.8 拌和站、钢筋加工场、预制场内标识、标牌设置明确,标识清晰,项目全线宜统一。具体可参考附录B规定执行。

3.2 拌和站

3.2.1 拌和站选址除应符合一般规定外,还应根据本合同段的主要构造物分布、运输条件、通电和通水条件等特点综合选址,尽量靠近主体工程施工部位,做到运输便利、经济合理;并远离生活区、居民区,尽量设在生活区、居民区的下风向。

3.2.2 场地建设

1)拌和站应根据工程实际情况集中布置,宜采用封闭式管理,四周设置围墙,入口设置彩门和值班室。

2)拌和站建设应综合考虑施工生产情况,合理划分拌和作业区、材料计量区、材料库、运输车辆停放区、试验区、集料堆放区及生活区,内设洗车池(洗车台)、污水沉淀池和排水系统。生活区应与其他区隔离,生活用房按照"驻地建设"章节相关标准建设。

3)拌和站场地面积、搅拌机组配置及产能应满足生产、施工需求和工程进度要求,一般不低于表 3.2.2 规定。

拌和站建设标准　　　　　　　　　　　　　表 3.2.2

拌和站类型	场地面积(m^2)	每个拌和站搅拌机组最低配置
水泥混凝土拌和站	5 000	2 台拌和机(每台至少有 3 个水泥罐、4 个集料仓)
沥青混合料拌和站	35 000	1 台拌和机(每台至少 3 个沥青罐、2 个矿粉罐、冷热集料仓各 5 个)
水稳拌和站	15 000	1 台拌和机(每台至少 3 个水泥罐、4 个集料仓)

注:①场地面积为拌和站(含备料场)面积;对于崇山峻岭条件困难地区的面积可适当调减。
②场地面积、搅拌机组配置可结合施工进度要求、备料场大小等情况优化调整。

4)场地(含堆料区、加工区)应做硬化处理,主要运输道路应采用不小于 20cm 厚的 C20 混凝土硬化,基础不好的道路应增设碎石掺石屑垫层。场内排水宜按照中间高四周低的原则预设不小于 1.5% 的排水坡度,四周宜设置砖砌排水沟,并采用 M7.5 砂浆抹面。

5)拌和站各罐体宜连接成整体,安装缆风绳和避雷设施,每一个罐体应喷涂成统一颜色,并绘制高速公路项目名称以及施工单位简称,两者竖向平行绘制,颜色(建议采用白底蓝字)、字体醒目。

6)原材料堆放应符合以下要求:

(1)凡用于工程的砂石料应按级配要求,不同粒径、不同品种分场存放,每区醒目位置设置材料标识牌,并采用不小于 30cm 厚的混凝土或厚度不小于 60cm 的浆砌片石隔墙等构造物分隔,隔墙高度应确保不串料(一般不小于 2.5m)。碎石储料仓的走向宜与拌和楼冷料仓的排列平行一致,并预留一定的空间,方便装载机上料。

(2)水泥混凝土、路面面层储料场应用混凝土进行硬化处理,路面基层储料场可用水稳材料进行硬化处理。料场底应高于外部地面,修筑成向外顺坡(不小于 3%),并在料场口设置排水沟,防止料场积水。

(3)水泥混凝土、路面面层储料场应搭设顶棚,禁止太阳直接照晒或雨淋,顶棚宜采用轻型钢结构,高度应满足机械设备操作空间(一般不宜小于7m),并满足受力、防风、防雨、防雪等要求(图3.2.2-1)。路面基层、底基层储料场地中细集料堆放区宜搭设防雨大棚,防止石料雨淋。

7)所有拌和机的集料仓应搭设防雨棚,并设置隔板,隔板高度不宜小于100cm,确保不串料(图3.2.2-2)。

图3.2.2-1 储料场

图3.2.2-2 集料仓

8)拌和设备应符合以下要求:

(1)混凝土拌和应采用强制式拌和机,单机生产能力不宜低于90m³/h。拌和设备应采用质量法自动计量,水、外掺剂计量应采用全自动电子称量法计量,禁止采用流量或人工计量方式,保证工作的连续性、自动性,且具备电脑控制及打印功能。减水剂罐体应加设循环搅拌水泵。

(2)水稳拌和应采用强制式拌和机,设备具备自动计量功能,一般设自动计量补水器加水,生产能力不宜低于400t/h。

(3)沥青混合料采用间歇式拌和机,配备计算机及打印设备,生产能力不宜低于240t/h。

(4)拌和站计量设备应通过当地有权部门标定后方可投入生产,使用过程中应不定期进行复检,确保计量准确。控制室安装1台分体式空调,保证各部电气元件正常工作。

9)拌和站应根据拌和机的功率配备相应的备用发电机,确保拌和站有可靠的电源使用。

3.2.3 其他要求

(1)作业平台、储料仓、集料仓、水泥罐等涉及人身安全的部位均应设置安全防护装置。传动系统裸露的部位应有防护装置和安全检修保护装置。

(2)设专人定期进行拌和站的清理和打扫,保持拌和站内卫生。每次拌和作业完成后,及时清洗机具,清理现场,做到场地整洁。

(3)临近居民区施工产生的噪声,应符合现行的《建筑施工场界环境噪声排放标准》的规定。

(4)应根据需要设置机动车辆、设备冲洗设施、排水沟及沉淀池,施工污水处理达标后方可排入市政污水管网或河流。

(5) 砂石料场底部、上料台、上料输送带下部废料应经常性清理并保持清洁,严禁装载机铲料时铲底。地面应定期洒水,对粉尘源进行覆盖遮挡。

(6) 水泥、粉煤灰等材料进料时,应保证材料罐顶的密封性能,预留通气孔应设有降尘措施;当粉尘较大时,应暂时停止上料,待处理完毕后方可继续。

(7) 沥青混合料拌和站推荐设置碎石加工除尘与石灰水循环水洗,确保细集料洁净无杂质。

(8) 纤维材料、抗车辙剂、抗剥落剂等外加剂必须采用仓库存放,地面设置架空垫层,高度为离地面30cm,以免受潮。

3.3 钢筋加工场

3.3.1 钢筋加工场选址除应符合一般规定外,还应根据本合同段的主要构造物分布、运输条件、钢筋加工量等特点综合选址,做到运输便利、经济合理。

3.3.2 场地建设

1) 宜采用封闭式管理。场地内应按原材料堆放区、钢筋下料区、加工制作区、半成品堆放区、成品待检区、合格成品区、废料处理区等科学合理设置,功能明确,标识清晰。

2) 场地面积应根据钢筋(材)加工量的大小、工期等要求设置,一般不低于表3.3.2规定。

加工场规模及面积标准　　　　表3.3.2

规　模	加工总量 $T(t)$	场地面积(m^2)
大	$T > 10\ 000$	3 500
中	$6\ 000 \leq T \leq 10\ 000$	2 000
小	$3\ 000 < T < 6\ 000$	1 500

注:如受场地限制,可适当调整场地面积大小,但功能分区布局应科学、合理。

3) 场内路面宜做硬化处理。主要运输道路应采用不小于20cm厚的C20混凝土硬化,基础不好的道路增设碎石掺石屑垫层。场内排水宜按照中间高四周低的原则预设不小于1.5%的排水坡度,四周宜设置砖砌排水沟,并采用M7.5砂浆抹面。

4) 钢筋加工场架构宜采用钢结构搭设,顶部采用固定式拱形防雨棚,高度应满足加工设备操作空间(一般不小于7m),并设置避雷及防风的保护措施(图3.3.2-1)。

5) 个别桥梁、隧道、涵洞受地形、运输条件限制可视实际情况采用简易钢筋棚加工。简易钢筋棚面积应满足生产、施工需求。棚内地面应按规定进行硬化或设置支垫设置。

6) 钢筋加工机械设备应满足工程质量和进度需要,并符合以下要求:

(1) 机械设备应根据加工工艺的流水线要求合理布设,做到作业"无缝化",并悬挂机械操作安全规定公示牌(即安全操作规程)和设备标示牌。

(2) 钢筋吊移宜采用龙门吊等专用吊装设备,设备应证照齐全、检验合格。

(3)金属加工机械(如卷扬机等)工作台应稳固可靠,防止受力倾斜。
(4)桥梁桩基、立柱等直径大于或等于25mm以上的主筋宜采用机械连接工艺。
(5)箍筋、弯起钢筋等宜采用数控设备加工。

7)在加工制作区应悬挂各种型号钢筋的大样设计图(图3.3.2-2),标明尺寸,确保钢筋下料及加工准确。

图3.3.2-1　钢筋加工场

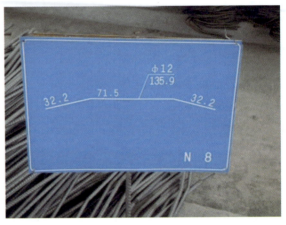

图3.3.2-2　钢筋大样图

3.3.3　其他要求

(1)场内应设置照明(含应急照明)设施,照明电路与工作用电电路分开。电路铺(架)设应科学、合理,一般沿棚的两侧,严禁乱拉、随地放置。

(2)各种气瓶应有标准色,气瓶间距不小于5m,距明火不小于10m,且应采取隔离措施。气瓶使用或存放符合要求,应有防振圈和防护帽。

(3)焊接、切割场所应设置禁止标志、警告标志;使用氧气、乙炔等易燃易爆场所应设置禁止标志和明示标志。

(4)易产生粉尘、有害气体的加工场、存放场应采取除尘、有害气体净化措施,且远离生活区、居民区,尽量将加工场设于场地下风向。

(5)加工剩余的短小材料及废料应合理回收,充分利用。

(6)严禁将不易腐化的合成材料、化工原料等擅自埋入地下。

(7)起吊钢筋时,下方禁止站人,必须待钢筋降落到距地面1m以内方准靠近,就位支撑好方可摘钩。

(8)钢筋进行防腐处理时,制作区应远离办公生活区。焊接时,有可靠的接地装置,导线绝缘良好。焊接操作时应佩戴防护用品

(9)人工断料工具必须牢固。切断小于30cm的短钢筋,应用钳子夹牢,并在外侧设置防护箱笼罩,禁止用手把挟。

3.4　预制梁场

3.4.1　预制梁场场地选址

预制梁场场地选址除应符合一般规定外,还应满足以下要求:

(1)原则上不宜设在主线征地范围内,若确实存在用地困难等特殊情况需要将预制场设于主线征地范围内时,应报项目建设单位审批。

(2)选址以方便、合理、安全、经济及满足工期为原则,结合施工合同段所属预制梁板的尺寸、数量、架设要求以及运输条件等情况进行综合选址。

3.4.2 预制梁场地建设

(1)预制梁场地建设前施工单位应将梁场布置方案报监理工程师审批,方案内容应包含各类型梁板的台座数量、模板数量、生产能力、存梁区布置及最大存梁能力等。预制场建设要与桥梁下部结构施工基本同步启动,避免出现"梁等墩"及"墩等梁"。

(2)宜采用封闭式管理,场地内应按办公区、生活区、构件加工区、制梁区和存梁区、废料处理区等科学合理设置,功能明确,标识清晰。生活区应与其他区隔开,生活用房按照第 2 章相关标准建设。

(3)各项目预制场应统筹设置,建设规模和设备配备应与预制梁板的数量和生产工期相适应,一般不低于表 3.4.2 规定。

预制场规模和相关设备配备表 表 3.4.2

内　　容	要　　求
钢筋棚	至少一座
台座数量	应与预制时间、数量相匹配
吊装设备	满足起吊吨位需要,至少 2 台
模板数量	按照台座数量的 1/(4~6)匹配
自动喷淋养生设施	每片梁板设喷管不得少于 3 条(顶部 1 条,侧面各 1 条);喷管长为梁体长 +1m,喷头间距 0.5m
必备的施工辅助设施	横隔板钢筋定位架、钢筋骨架定位架、横隔板底模支撑架
其他施工设备	满足施工需要

(4)场内路面宜做硬化处理,主要运输道路应采用不小于 20cm 厚的 C20 混凝土硬化,基础不好的道路应增设碎石掺石屑垫层。场内不允许积水,四周设置砖砌排水沟,并采用 M7.5 砂浆抹面。

(5)预制梁场应尽量按照"工厂化、集约化、专业化"的要求规划、建设,每个预制梁场预制的梁板数量不宜少于 300 片。若个别受地形、运输条件限制的桥梁梁板需单独预制,规模可适当减小,但钢筋骨架定位胎膜、自动喷淋养护等设施仍应满足施工生产要求(图 3.4.2-1)。

(6)预制场钢筋加工、混凝土拌和应尽量使用合同段既有的钢筋加工场、拌和站。

(7)预制梁板钢筋骨架应统一采用定位胎膜进行加工,并设置高强度砂浆垫块确保钢筋保护层(图 3.4.2-2)。

（8）设置自动喷淋养生设备,预制梁板采用土工布包裹喷淋养生(北方地区应根据气候情况采用蒸汽保湿养生),养生水应循环使用(图3.4.2-3)。喷淋水压加压泵应能保证提供足够的水压,确保梁板的每个部位均能养护到位,尤其是翼缘板底面及横隔板部位。

图 3.4.2-1　预制梁场

图 3.4.2-2　高强砂浆垫块

图 3.4.2-3　喷淋养生

3.4.3　预制梁板台座布设

（1）预制梁板的台座强度应满足张拉要求,台座尽量设置于地质较好的地基上,在不良地基路段,应先进行地基处理。为防止发生张拉台座不均匀沉降、开裂事故,影响预制梁板的质量,先张法施工的张拉台座不得采用重力式台座,应采用钢筋混凝土框架式台座。台座端部受力处应设置钢筋网片。

（2）底模宜采用通长钢板,钢板厚度应不小于6mm,不得采用混凝土底模,推荐使用不锈钢底模板,并确保钢板平整、光滑,防止黏结造成底模"蜂窝"、"麻面"。底模钢板应采取防止变形措施(图3.4.3)。

（3）存梁区台座混凝土强度等级不低于C20,台座尺寸应满足使用要求。用于存梁的枕梁应设在离梁两端面各50~80cm处,且不影响梁片吊装,支垫材质应采用承载力足够的非刚性材料,且不污染梁底。

（4）在使用过程中,监理和施工单位应定期对台座进行复测检查,非不良地基区域的台座每3个月复测1次,不良地基区域的台座每月应复测1次,并建立观测数据档案,分析台座沉降情况,发现异常应及时处理。

（5）梁板预制完成后,移梁前应对梁板喷涂统一标识和编号,标识内容包括预制时间、张拉时间、施工单位、梁体编号、部位名称等。

（6）空心板、箱梁最多存放层数应符合设计文件和相关技术规范要求。设计文件无规定时,空心板叠层不得超过3层,小箱梁和T梁堆叠存放不超过2层。预制梁存放时（特别是叠层存放）应采取支撑等措施确保安全稳定。

图 3.4.3 不锈钢底模

3.4.4 龙门吊设置

（1）预制场内应设置起重设备（如龙门吊）,便于预制梁（板）模板的安装拆卸、存梁堆码以及浇注混凝土的调运、电热设备、起重设备应进行专业安检。

（2）吊装作业区应进行封闭,设置安全警告标语牌,作业场所应有安全执勤人员负责看守,严禁非工作人员进入,所有人员均不得在起吊和运行的吊物下站立。

（3）对组装好的龙门吊,在使用前必须进行满载试吊,运梁轨道和龙门轨道在使用前应进行试运行,满足要求后方可正式使用。

3.4.5 其他要求

（1）预制场出入口宜设置洗车台（池）,防止运送材料车辆、混凝土罐车等将泥土带进场内。场内应设置沉淀池,施工污水应先汇入沉淀池,处理达标后方能排放。

（2）场内应设置张拉防护台座（图3.4.5）,确保张拉操作时的人员安全。

（3）推广采用智能张拉与压浆技术。

（4）预制场施工用水应满足预制场施工用水的水质和水量要求,预制场的蓄水池应确保施工用水充足。

（5）施工现场安装、拆卸大型吊装设备时,必须由具有相应资质的单位承担,施工单位负责人、安质部长、安全（设备）主管工程师到场把关。

图 3.4.5 张拉防护台座

3.5 小型构件预制场

3.5.1
小型构建预制场选址除应符合一般规定外,还应以方便、合理、安全、经济及满足工期为原则,结合合同段工程量及运输条件综合选址。可结合拌和站或梁片预制场综合设置。

3.5.2 场地建设

(1)宜采用封闭式管理,场地内应按构件生产区、存放区、养护区、废料处理区等科学合理设置,功能明确,标识清晰。

(2)预制场的建设规模应结合小型构件预制数量和预制工期等参数来规划,场地面积一般不小于 2 000m^2。

(3)场内路面宜做硬化处理,主要运输道路应采用厚度不小于 20cm 的 C20 混凝土硬化,基础不好的道路应增设碎石掺石屑垫层。场内不允许积水,四周宜设置砖砌排水沟,并采用 M7.5 砂浆抹面。

(4)生产区根据合同段设计图纸确定的预制构件的种类设置生产线,同时配备小型拌和站 1 座(尽可能利用既有拌和站)。

(5)养护区采用自动喷淋养护系统结合土工布覆盖对构件进行养护,确保构件处于湿润状态。混凝土养生应符合规范要求。

(6)成品按不同规格分层堆码,堆码高度应保证安全。预制件养护期不得堆码存放,以防损伤。运输过程中应采取措施,防止缺边掉角。

3.5.3 其他要求

(1)小型构件预制应选用振动台振捣(图 3.5.3-1),振动台电机功率应经过现场试验,对振动台的性能进行分析与比选,确定振动台的电动机功率,一般为 1.2～1.5kW,振动台数量根据预制构件生产数量确定。

(2)模板应使用钢模或高强度塑料模具(图 3.5.3-2),入模前应进行拼缝检查,对拼缝达不到要求的,辅以双面胶或泡沫剂,应选用优质脱模剂,保证混凝土外观。在周转间隙应有覆盖措施,防止雨淋、生锈、被污染。

图 3.5.3-1 小型预制构件振动台

图 3.5.3-2 高强塑料模具

3.6 施工材料存放

3.6.1 原材料、半成品、成品存放

1）一般规定

（1）存放场应合理选择设置地点，尽量靠近使用地点，确保运输及卸料方便；模板、脚手架等周转材料，应选择在装卸、取用、整理方便和靠近拟建工程地方放置；水泥、砂石料等原材料应靠近拌和站放置。

（2）各种材料应分区存放，堆放场地应进行硬化处理。存放场应留有足够宽度的通道，便于装运。

（3）材料存放场应做到整齐干净，无砖瓦块、钢筋头、杂物等，各种材料的堆放应做到一头齐，一条线。

（4）预制构件的堆放位置应考虑吊装顺序，力求直接装卸就位。

（5）贵重物资、装备器材应存入库内。

2）砂、石料存放

（1）用于实体工程的砂石料应分不同粒径、不同品种分仓存放，不得混堆或交叉堆放。料场应采用不小于30cm厚的混凝土墙体等构造物（高度一般不小于2.5m）隔开，场内地面应设坡度，确保不积水。

（2）砂石料应按规定进行材料的质量检验状态标识，标识包括材料名称、产地、规格、数量、进料时间、检验状态、试验报告号、检验批次等。

（3）砂石料存放场骨料清洗区应设置单向流水坡；上料通道应结合拌和场配料机设备参数进行平面和坡度设置。

3）钢材存放

（1）钢筋、钢绞线、型钢等钢材应按不同钢种、等级、牌号、规格及生产厂家分类存放在仓库或防雨棚内，并挂牌标识。地面应做硬化处理，并垫高不小于30cm，严禁与潮湿地面接触，不得与酸、盐、油类等物堆放一起。

（2）钢筋场内需设置不小于3m×12m的废料堆放区，加工过程中产生的钢筋废料统一堆放处理（图3.6.1-1）。

图3.6.1-1 钢材规范存放

4)半成品、成品存放区

(1)存放场地应通风良好,有条件宜搭设专业存储棚库。

(2)材料储存时应按使用、安装次序进行分类、分批存放,并按规定做好标识,小件(散件)材料及配件宜存放于箱、盒内。

(3)金属、木材及构配件等的底部应按规定垫高,并避免与酸碱等腐蚀性物质接触(图3.6.1-2)。

(4)易滑落的材料应捆绑牢固,堆放有序。

(5)支座、锚具等主要成品材料应在室内存放(图3.6.1-3)。

(6)防水卷材及土工材料等应避免雨淋、日晒、受潮,注意通风,远离热源。

5)周转料具的存放应随拆、随整、随保养,码放整齐。大模板存放时,应有可靠的防倾倒措施,不得靠在其他模板上或物件上。

图 3.6.1-2　钢筋半成品规范存放

图 3.6.1-3　锚具规范存放

3.6.2　库房

1)一般规定

(1)库房应合理选择设置地点,设置位置应位于交通方便处,距各使用地点综合距离较近,遵循安全技术和防火规定。危险品仓库应远离施工现场、居民区和既有设施,附近应设有明显标志及围挡设施,并设置视频监控系统。

(2)原则上采用砖砌房屋,库房内外部采用水泥砂浆抹面,地面采用C20混凝土硬化,具有良好的排水系统。

(3)各库房门口应设置库房标识牌,内容包括:库房名称、存放物品名称、型号、数量、危险级别、仓库管理员等。各种材料库房内应设置材料标识牌。氧气、乙炔等易燃易爆场所应设置禁止、明示标志,消防器材放置场所应设置提示标志。

(4)严禁在库区吸烟、使用明火。库房内消防设施符合防火防爆要求。电力线路、电器设备应满足安全用电要求。

(5)火工品库、危险品库、油库等存放应符合《爆破安全规程》、《中华人民共和国民用爆炸物品管理条例》、《化学危险品安全管理条例》和《油库安全管理规程》等法律、法规和其他规章的有关规定。

2）袋装水泥、掺和料、外加剂库房

（1）袋装水泥、掺和料应采用库房储存。库房内地面应硬化、防潮处理，水泥应架空、离墙（地）均不小于30cm。库房内应定期清理散灰。

（2）袋装水泥应按品种、强度等级、生产日期分别堆放，并树立标识，做到先到先用，防止混掺使用。

（3）袋装水泥应避免与石灰、石膏以及其他易于飞扬的粒状材料同存，以防混杂影响质量。袋装水泥垛高不得超过10袋，宜一车一垛。

（4）袋装水泥的储存时间不宜太长，以免结块降低强度。出场后超过三个月未用的水泥，应及时抽样检查，经化验后按重新确定的强度等级使用。

（5）外加剂应按不同批次、不同品种、不同生产日期分开存放，根据不同的检验状态和结果采用统一的材料标识牌进行标识，注明生产厂、品种、出厂日期、进库保管日期等。存放高度不应超过1.5m，液态外加剂应分罐存放。

（6）受潮、过期的袋装水泥和掺和料，以及过期、变质的外加剂，均不得随意丢弃，应运送到指定地点集中处理。

（7）水泥库房宜设置进、出库门，确保水泥的正常循环使用。根据面积和出入口布置水泥垛的位置和顺序，确保水泥先进先发。

3）火工品库

（1）施工现场的火工品应储存在公安机关批准并验收合格的仓库内。

（2）库房应设有专人管理，并制订火工品验收制度、发放制度、防火制度、安全保卫制度、交接班制度、出入库检查和登记制度、废爆炸物品销毁制度等。

（3）库房应与居民区、工厂、公共建筑保持安全距离并隔离。炸药、雷管应分库设置，距离不小于30m。库内应设置自动报警装置以及监控系统。

（4）库门应为外开式且开启灵活、关闭严密；库房应具备良好的通风、防爆照明设备和防静电措施，应符合防爆、防雷、防潮、防火、防鼠、防盗等要求。

（5）库存量不准超过公安机关批准的容量。库内货架应保证牢固，距墙不小于0.1m。库内堆放的物资距墙应不小于0.3m，垫高不小于0.3m，放置雷管时应铺设胶质皮垫。

（6）严禁在库房内住宿和进行有碍安全的活动，严禁把其他容易引起燃烧、爆炸的物品带入仓库，严禁无关人员进入库区（检查等确需进入的应做好登记）。

（7）库房周围不应有杂草和灌木丛；在库区所控制的外部距离内不能进行有碍库房安全的活动。

4）危险品库

（1）氧气瓶、乙炔瓶应分开存放，间距不小于5m。

（2）剧毒、放射源等危险物品存放应符合防爆、防雷、防潮、防火、防鼠、防盗等要求，且远离生活区。

5）油库

（1）油库应严格制订安全管理制度、用火管理制度和外来人员登记制度。

（2）油库应划分消防区域，制订消防预案，设置消防砂池，配备相应的消防工具和器材,并定期检查维护。

(3)油罐应按设计规定装油,不能混装。夏季露天装轻质油料的油罐应有降温措施,周围应采用围墙或通透式围栏进行隔离。

(4)露天存放的桶装油料,应隐蔽、遮盖,桶身应倾斜,单口朝上,双口在同一水平线上,防止雨水侵入,垛位四周应设排水沟。

(5)油罐区内禁止存放危险品、爆炸品和其他易燃物资。

4 人员管理

4.1 一般规定

4.1.1 由于全国各地高速公路建设项目规模差异较大,各项目建设单位、监理单位、施工单位以及工地试验室的管理模式、机构设置、人员配备等情况区别也较大,本章节内容主要是针对常规高速公路项目各参建单位的人员管理做一般规定,各项目可根据自身特点适当调整。

4.1.2 各单位的机构设置、人员数量和资质等应能满足项目管理要求。

4.1.3 建设单位管理机制、机构设置、人员配备应满足交通运输部《关于进一步加强公路项目建设单位管理的若干意见》的有关规定。强化组织、协调管理,建立健全管理体系、管理制度,落实责任。

4.1.4 监理单位管理机制、机构设置、人员配备应满足招标文件和交通运输部《公路工程施工监理规范》的要求。总监办应加强组织领导,强化程序和过程监理,建立健全管理体系、管理制度,落实责任。

4.1.5 施工单位管理机制、机构设置、人员配备应满足招标文件的要求。项目部应建立健全质量、安全、环保、廉政管理体系和管理制度,并落实责任。

4.1.6 试验室管理机制、机构设置、配备人员和资格要求应满足投标文件和交通运输部《公路水运工程试验检测管理办法》文件的要求。建立健全质量管理体系、各项管理制度以及操作规程,并落实责任。

4.1.7 建设单位应按照招标文件加强施工、监理单位和试验室人员的管理,制订相应的考勤办法,可采用"人体面补识别考勤系统"等方式进行人员考勤。

4.2 建设单位

4.2.1 机构设置

建设单位机构设置应满足项目管理要求,一般设有满足计划、合同、技术、质量、安全、财务、综合等要求的职能部门。

4.2.2 人员配备

(1)管理人员数量应根据工程项目建设规模和专业技术要求确定,其中工程技术人员应不少于管理人员总数的65%,具有高、中级以上专业技术职称的人员应占工程技术人员总数的70%以上。

(2)管理机构负责人及关键岗位人员应具有良好的社会信用和职业道德,具备相应工程组织管理能力,严格执行国家有关法律和规定,熟悉、掌握公路建设规章、政策。

机构负责人:具有中级及以上专业技术职称,具备2个及以上高速公路项目的建设管理经历。

技术负责人:熟悉、掌握公路工程技术标准、规范和规程,具有高级及以上公路工程专业技术职称,具备2个及以上高速公路项目的技术管理经历。

财务负责人:熟悉、掌握财经法规和财务制度,具有中级及以上职称,具备1个及以上高速公路项目的财务管理经历。

关键岗位人员:计划、合同、技术、质量、安全等部门负责人应具备相应岗位的专业技术和任职资格,并分别具备1个及以上高速公路项目的建设管理经历。

4.2.3 人员管理

(1)在报批项目初步设计文件时,项目建设单位应将派驻工程现场的管理机构、管理人员及资格条件报有关交通运输主管部门核备,省级交通运输主管部门应及时对其审核。

(2)建设单位派驻工程现场的管理人员上岗时应佩戴工作牌,工作牌应具有人员姓名、工号、照片、所在部门、职务等相关信息。

(3)应对工程管理人员进行培训,每年累计不少于12天或72学时,并建立培训记录台账,及时将培训情况进行登记。

4.3 监理单位

4.3.1 机构设置

监理机构设置应满足现场管理和招标文件的要求,一般设置两级监理机构,即总监办和驻地办。总监办一般应设有满足计划、合同、技术、质量、安全、财务、综合、试验等要求的职能部门。

4.3.2 人员配备

(1)监理人员的数量和结构应根据投标承诺以及工程实际需要,一般应配置总监、副总监、试验室技术负责人、试验员、专业监理工程师、监理员等,配置人员资质、素质、数量应满足现场施工需要。

（2）总监办应配备1名总监理工程师和若干名专业监理工程师。总监理工程师应具有相应专业的高级技术职称、五年以上的现场工程监理经历、担任过两项及以上同类工程的驻地监理工程师或总监理工程师职务。

（3）驻地办应配备1名驻地监理工程师和若干名专业监理工程师。驻地监理工程师应具有相应专业的中级或以上技术职称、同类工程三年及以上的监理经历。

（4）专业监理工程师应按照对工程实施有效监理的原则，根据监理内容、工程大小及类别配备。每年每5 000万元建安费宜配备交通运输部核准资格的监理工程师1名；独立大桥、特长隧道工程每年每3 000万元建安费宜配备交通运输部核准资格的监理工程师1名。根据工程特点和实际需要，上述配置可在0.8～1.2的系数范围内调整。

（5）总监办、驻地办均应配备相应数量安全、环保专业方面的监理工程师。

4.3.3 人员管理

（1）所有监理人员上岗时应佩戴工作牌，工作牌应具有人员姓名、工号、照片、所在部门（监理组）、职务等相关信息。对所有监理人员进行信息化管理，不允许随意变动，如需更换，应经项目建设单位批准。

（2）监理人员应满足合同要求，并持有相应主管部门核发的证书方可上岗。

（3）监理人员上岗前应经建设单位组织的实操能力及理论知识考核，考核合格后方可从事监理工作。

（4）监理人员培训每年累计不少于12天或72学时，并建立培训记录台账，及时将培训情况进行登记，报建设单位备案。

4.4 施工单位

4.4.1 机构设置

项目部机构的设置应满足现场管理的要求，一般应设有满足计划、合同、技术、质量、安全、财务、设备物资、综合、试验等要求的职能部门，其组织机构框架可参照图4.4.1设置。

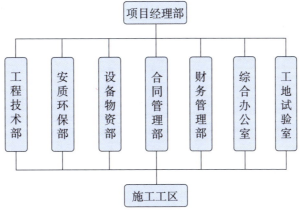

图4.4.1 项目部组织机构框架参考图

4.4.2 人员配备

（1）项目部应根据投标承诺以及工程实际需要，配置项目部主要负责人、各部室负责人及其他人员，配置人员资质、素质、数量应满足国家有关规定和现场施工需要。

（2）项目经理应具有中级或以上专业技术职称，持注册建造师证，具备2个及以上高速公路项目的建设管理经历，并持有安全生产"三类人员"B类证书。

（3）项目总工程师应具有高级及以上专业技术职称，具备2个及以上高速公路项目的建设管理经历，熟悉、掌握公路工程技术标准、规范和规程，并持有安全生产"三类人员"B类证书。

（4）专职安全管理负责人应具有初级及以上专业技术职称，负责公路施工安全生产工作2年及以上，应持有安全生产"三类人员"C类证书。专职安全员根据工程规模及相关规定配备，并满足工程需要。

（5）专业工程师应按照对工程实施有效管理的原则，根据工程内容、大小及类别配备，满足投标承诺以及工程实际需要。

（6）项目部应按规定配备相应的环保专业工程师。

4.4.3 项目部技术人员管理

（1）所有人员上岗时应佩戴工作牌，工作牌应具有人员姓名、工号、照片、所在部门、职务等相关信息。

（2）技术人员应满足合同要求，并持有相应主管部门核发的证书方可上岗。

（3）质检员、试验员、安全员、测量员等技术人员上岗前应经过监理工程师组织的考核，考核合格报建设单位批准。

（4）技术人员进行培训每年累计不少于12天或72学时，并建立培训记录台账，及时将培训情况进行登记，报监理工程师备案。

4.4.4 劳务人员管理

（1）所有劳务人员应身体健康，具备适应相关工作的身体条件。上岗时应佩戴工作牌，工作牌应具有人员姓名、工号、照片、工种等相关信息。

（2）项目部应依据劳动法明确劳务人员的合同关系，并对所有劳务人员进行信息化管理，登记造册，建立流动档案管理。

（3）凡新进项目的劳务人员应进行第三级的安全教育和岗前（转岗）培训，并经考核合格后方准安排生产岗位。

（4）特殊工种应具有国家有关部门颁发的证件，上岗前应进行相关作业的安全技术交底学习，报监理工程师备案。特殊工种实行定岗定人制管理，不允许随意变动；如需更换，应报监理工程师批准。

（5）所有劳务人员作业时应按照要求佩戴规定的防护用品（如安全帽、水鞋、手套、口罩等），并严格遵守安全操作规程。

（6）项目部应设立技术培训学校对劳务人员进行培训和技术交底，并建立培训、交底记录台账,及时将培训、交底情况进行登记,报监理工程师备案(图4.4.4)。在关键工艺、工序和关键步骤施工前再次对劳务人员进行教育培训,以提高工程的施工质量、确保安全生产。

图4.4.4 职工培训中心

4.5 试验室

4.5.1 人员配备

试验室人员应根据投标承诺、项目规模及施工需求配备,一般不低于表4.5.1规定。

工地试验室人员配备　　　　　表4.5.1

项次	监理单位试验室			施工单位试验室			备注
	管辖合同段总造价（亿元）	配备人数（人）		合同造价（亿元）	配备人数（人）		
		试验检测工程师	试验员		试验检测工程师	试验员	
1	≤5	2	3	≤1	2	3	以上人员均应持有交通行业试验检测相应有效的资格证书
2	5~20	2	4	1~3	2	4	
3	20~40	2	6	3~5	2	7	
4	40~60	2	7	5~10	2	9	
5	>60	≥3	≥9	>10	≥3	≥11	

注:本表为高速公路项目工地试验室人员配备的基本要求,独立桥梁、隧道可根据工程实际情况参照执行。

4.5.2 试验室人员管理

(1)工地试验室检测人员应由母体检测机构或其授权法人机构聘用和管理。

(2)工地试验室授权负责人应为母体检测机构通过岗位登记人员,并持有交通运输部试验检测工程师证。

(3)所有人员上岗时应佩戴工作牌,工作牌应具有人员姓名、工号、照片、所在部门、职务等相关信息。

(4)试验员上岗前应经过监理工程师组织的考核,考核合格报建设单位批准。

(5)试验人员进行培训每年累计不少于12天或72学时,并建立培训记录台账,及时将培训情况进行登记,报监理工程师备案。

5 制度建设

5.1 一般规定

5.1.1 高速公路施工标准化是大力推行高速公路建设现代工程管理的有效举措和重要载体,各地交通运输主管部门和各参建单位应高度重视,制定切实有效的制度及措施,保障施工标准化落实到位,促进公路建设又好又快发展。

5.1.2 各地交通运输主管部门和各参建单位应加强施工标准化的宣传工作,从根本上转变项目各参建单位、参建人员的观念,加强交流、互动。通过组织培训、技术竞赛、召开现场交流会等方式,形成比学赶超、创先争优的竞争氛围。

5.2 政府监督机构

5.2.1 省级交通运输主管部门应按照国家和省有关规定,结合本省实际情况,制定并印发推行高速公路施工标准化的配套制度,强化政府监督检查力量,加大现场质量安全监督力度,大力营造"比学赶超"的良好氛围。

5.2.2 健全信用评价考核体系,使之与施工标准化评比结果有机结合起来。制订与信用评价结果挂钩的招投标办法,实现信誉等级与招投标行为挂钩。

5.2.3 省级交通运输工程造价管理机构督促各参建单位建立健全全过程造价管理机制,完善监督手段,逐步建立"优质优价"、全过程造价控制管理理念,建立健全相应的全过程造价管理制度。

5.2.4 省级交通运输工程质量监督机构应建立健全质量安全监督工作机制,完善监督手段,逐步建立与施工标准化相结合的质量安全监督体系,建立健全施工标准化的质量安全监督机制。

5.3 建设单位

5.3.1 应按照国家和省有关规定,建立项目施工标准化评比考核机制,制订落实奖罚措施,并组织进行达标验收,对施工标准化进行评定和推广,形成创先争优的环境。在项目初期应组织参建各方结合项目实际情况进行标准化宣贯培训。

5.3.2 建设单位是推行高速公路施工标准化的龙头,应按交通运输部公路建设管理相关法规、规定,组建项目管理机构,配齐管理人员,建立结构清晰、职责分明的项目机构管理制度,明确工作流程,规范内部管理。

5.3.3 应采用有利于标准化施工的大标段招标方式,将施工标准化要求纳入招标文件。评标办法与合同条款应将施工标准化要求作为评标与计量的要件。

5.3.4 应制订项目施工标准化具体落实方案及考核评比机制,督促施工、监理、设计等单位抓好落实,制订"优质优价"、"优监优酬"激励措施,定期对参建单位评比,在项目上树立工程质量优良、管理规范的样板标段(样板工程),组织学习推广。

5.3.5 应按照具体化、定量化的管理标准,对参建单位实施行为和实施过程进行全过程检查,及时发现问题、解决问题。引导参建单位转换管理理念,营造施工标准化管理的企业文化,使标准化管理覆盖建设项目的方方面面,真正让标准成为习惯、习惯符合标准、结果达到标准。

5.4 设计单位

5.4.1 应严格遵守交通运输部《加强重点公路建设项目设计管理工作若干意见》规定,完善项目管理制度和勘察设计工作流程及责任制。

5.4.2 应按照标准化管理要求,加强设计标准化管理,制订工程设计标准化指南,明确总体设计思想、建设目标,重点统一桥涵、隧道等设计的标准化,消除一个项目不同设计风格的现象。

5.4.3 应结合工程实际,推荐有利于标准化施工和组织管理的设计方案,推广成熟有效的技术科研成果,不断提高标准化活动的深度和广度。

5.4.4 应加强设计技术交底及后期服务,及时掌握现场情况,确保标准化施工的设计思路、方案能较好地在现场落实。

5.5 监理单位

5.5.1 应根据交通运输部现行《公路工程施工监理规范》的规定和要求,配足资源,制定现场监理机构的工作制度,明确工作内容、工作权限和岗位职责,建立考核激励机制。

5.5.2 加强监理人员的现场管理和职业道德教育,发挥监理工程师在质量、安全、环保管理方面的重要作用。按标准化管理要求将监理工作进行分解,对检查内容、检查方法、检查程序进行细化,并纳入监理人员工作手册和监理实施细则。

5.5.3 应按照施工标准化实施方案和合同要求,督促施工单位落实各项工作,对施工单位驻地建设、施工组织、工艺方案、施工质量等加强监理,确保施工标准化活动有序推进。

5.6 施工单位

5.6.1 施工单位是实施高速公路施工标准化的主体,应将现场施工标准化作为管理的核心,严格遵守公路建设项目施工技术管理规定及规范。

5.6.2 项目部应按照施工标准化要求和投标承诺,建立起全过程、全方位、全覆盖的施工现场管理、技术管理、质量管理、安全管理、物资设备管理、人员管理等制度,制订切实可行的标准工法和考核标准。建立"横向到边,纵向到底,控制有效"的质量自检体系,执行"自检、互检、交接检"的作业程序,完善自检制度。

5.6.3 项目部应具体落实施工标准化的各项要求,结合本单位施工能力和技术优势,积极采用有利于标准化施工的组织方式和工艺流程,加强工地建设、工艺控制、人员管理和内业资料管理,强化对施工一线操作人员的培训,改善职工生产生活条件。

6 临时工程

6.1 一般规定

6.1.1 临时工程主要包括临时用电,施工便道、便桥。

6.1.2 临时工程应与现场地形、地物和现有生活、生产设施相协调,尽量减少对现有地形地貌的破坏,充分利用现有生活、生产设施。

6.2 临时用电

6.2.1 施工现场临时用电应符合《施工现场临时用电安全技术规范》的规定,并尽量与营运期永久用电相结合。施工前应编制临时用电方案和临时用电施工组织设计,确定电源进线、总配电箱、分配电箱的位置及线路定向,进行负荷计算,选择变压器容量和导线截面,制订安全用电技术措施和电气防火措施。经相关部门审核批准后实施。

6.2.2 施工现场临时用电应采用TN-S接地、接零保护系统,采用三相五线制(三根火线,一根工作零线,一根保护零线)和三级配电三级保护方式(总控、分控、开关、分控、开关分设漏电保护)。

6.2.3 严格按照施工用电专项组织设计与施工现场平面布置进行架设和管理电力线,动力和照明线应分开架设。

6.2.4 用电设备实行"一机一闸一漏一箱"制,不得用一个开关直接控制两台及以上的用电设备;漏电保护器符合国家现行标准《剩余电流动作保护电器的一般要求》的规定,并与用电设备相匹配。

6.2.5 配电系统需设置室内总配电箱和室外分配电箱,实行分级配电;总配电箱应设置在靠近电源的地方,分配电箱应设在用电设备或负荷相对集中的地方。

6.2.6 开关箱由末级分配电箱配电,开关箱内应一机一闸,严禁一个开关直接控制两台及以上的用电设备;配电箱、开关箱应装设在干燥、通风及常温场所,并保证有足够两个人同时作业的空间,其周围不得堆放任何有碍操作、维修的物品。

6.2.7 所有配电箱、开关箱均编号配锁,标明负责人姓名、联系电话、使用部位,张贴安全警示标识牌,设专人负责管理。

6.2.8 进入现场的电气设备、固定吊装设备、钢梁梁体等可能因雷击或外壳带电造成人身伤害的设备、设施均应设线接地。

6.2.9 配电房(室)、变压器等固定电力设备均设安全防护屏障或网栅围栏,高度不低于2.5m,应设置明显的禁止、警告标志。

6.2.10 架空线应采用绝缘导线或电缆线,应架设在专用电杆上,严禁架设在树木、脚手架及其他设施上。

6.2.11 电力作业人员应持证上岗,按规定正确穿戴、使用劳动防护用品。

6.2.12 雨季施工应增加用电设备巡视次数,做好用电设施防雨措施。下雨时关好配电箱箱门,防止进水、受潮,发生漏电事故。雨后应对所有用电设备进行绝缘测试,合格后方可使用。

6.3 施工便道便桥

6.3.1 一般规定

(1)施工便道、便桥的建设应满足施工需要,尽量结合地方道路规划进行专项设计,尽可能提前实施,完工后尽量留地方使用。新建便道、便桥应尽量不占用农田、少开挖山体,节约资源,保护环境。

(2)施工便道、便桥应充分利用既有道路和桥梁。避免与既有铁路线、公路平面交叉,避免对当地居民生活造成困扰。

(3)施工便道、便桥应结合施工平面布置,满足工程施工机械、材料进场的要求。

(4)施工便道分为主干线和引入线,主干线尽可能靠近合同段各主要工点,引入线以直达施工现场为原则,并考虑与相邻合同段施工便道的衔接。

(5)施工便道应畅通,旧、危桥应加固处理。

(6)条件允许的,施工便道应布设在主线外的一侧,并尽可能设置在路基坡脚及小型构造物洞口、桥梁锥坡以外,以利于路基、锥坡的填筑和压实。

6.3.2 建设标准

(1)根据地形条件,确定便道(图6.3.2-1)、便桥(图6.3.2-2)平纵线形及横断面宽度:

①便道路基宽度不小于4.5m,路面宽度不小于3.0m;原则上每100m范围内应设置一个长度不小于20m、路面宽度不小于5.5m的错车道。

②便道在急弯、陡坡处应视地形情况适当加宽,并进行硬化处理。

③便桥结构按照实际情况专门设计,同时应满足排洪要求,人行便桥宽度不小于2.5m,人车混行便桥宽度不小于4.5m。若便桥长度超过1km,宜适当增加宽度。

图6.3.2-1 施工便道　　　　　　　　图6.3.2-2 便桥

(2)便道路面最低标准应采用泥结碎石或级配碎石。在条件允许的情况下,便道路面可采用隧道洞渣或矿渣铺筑。特大桥、隧道洞口、拌和站和预制场等大型作业区进出便道200m范围路面宜采用不小于20cm厚的C20混凝土硬化。

(3)便道两侧设置排水系统,在汇水面积较大的低凹处设置涵洞,以满足排水泄洪要求。

(4)便桥高度不低于上年最高洪水位,海上施工的便桥(栈桥)高度应根据10~20年一遇波浪要素值与潮汐特征值确定。桥头设置限高、限重、限速标牌,桥面设立柱间距1.5~2.0m、高1.2m的栏杆防护,栏杆颜色标准统一,在适当位置设置醒目的警示反光标志。

6.3.3 其他要求

(1)施工期间应指定专人(队)负责施工便道、便桥的日常检查和养护,及时修复路面坑槽、清理排水沟和涵洞的淤泥、杂物,保障便道、便桥畅通。

(2)每个合同段至少配备1台洒水车用于晴天洒水,做到晴天少粉尘,雨天不泥泞,日常无投诉。

(3)对施工便道应统一进行数字编号,并标明便道通往的方向和主要工程名称。编号可由高速公路简称首字母、合同段号及便道排序号三项组成。如BS0101,即表示博深高速公路第1合同段1号便道,以此类推。

(4)便道路口应设置限速标志,与建筑物、城市道路转角、视线不良地段应设置明示标志,跨越(临近)道路施工应设置警告标志,道路危险段应设置防护及警告标牌。途经小桥,应设置限载、限宽标志;途经通道,应设置限宽、限高警告标志。路线明显变化处、便道平面交叉处,应设置指路和警告标志。便道标识标牌,可参考表6.3.3规定设置。

便道标识标牌标准 表6.3.3

标识名称	尺寸(长×宽,cm)	颜色、字体要求	标识内容及要求	设置位置
便道名称牌	80×60	蓝底白字	便道起、终点及经过的主要工程地点,应双面标识	便道起、终点及与其他道路交叉处
安全警告警示牌	按国标制作	—	限速、限载、限高、转弯、陡坡等	相应位置

注:本表中各标识标牌的尺寸、颜色、标识内容以及设置位置仅作参考,各项目可作相应调整。

7 文明施工

7.1 一般规定

7.1.1 路基、路面、桥梁、隧道等施工现场应做到文明施工,保证场地规范、整洁,并尽量减少施工污水、废油、废气、粉尘等污染物的排放,采取对应处置措施,避免对环境的破坏。

7.1.2 施工现场不得随意占用或破坏周围的土地、道路、绿地以及各种公共设施场所;不得影响周围群众进出通行的道路和正常的活动。

7.1.3 施工现场(特别是隧道、桥梁、预制场等)宜采用封闭式管理,施工过程中应保证施工场地规范、整洁,并在显著位置悬挂工程简介、安全文明生产、质量管理、廉政建设等标牌标语。

7.1.4 施工现场应根据需要设置机动车辆冲洗设施、排水沟及沉淀池。施工机械设备产生的废水、废油及生活污水不得直接排入河流、湖泊或其他水域中,严禁排入饮用水源附近的土地中。

7.1.5 现场施工中应有防止大气污染、噪声(振动)污染,水土保持和其他保护环境卫生的有效措施;应配备洒水设施,对施工现场进行灭尘,不得出现天晴"扬灰"、下雨"水泥"现象。

7.1.6 易发生机械伤害的场所、施工现场出入口、坑道及临边处,施工便道与公路、铁路的交叉等危险场所,应设置明显的安全警示标志。

7.1.7 现场各类机械设备停放位置应合理规划,分区布置,摆放整齐。施工单位应定期对施工机械(具)设备进行检查维修、保养清洗。施工机械、设备应具有明显的标识,标识包含单位名称、设备型号、编号、施工参数及责任人。

7.1.8 进入施工现场的人员应佩戴安全帽和上岗证,现场管理人员和作业人员的安全帽应区分,劳动保护用品穿戴齐全,安全监察人员应佩戴袖标(牌)。建设单位人员、监理单位人员、施工单位管理人员和作业人员安全帽颜色尽量区分。建议建设单位人员安全帽为白色,监理单位人员安全帽为蓝色,施工单位管理人员安全帽为红色,施工单位作业人员安全帽为黄色。具体可结合项目管理实际进行区分。

7.2 路基工程

7.2.1 宜避开雨季作业,及时完善临时排水设施,修筑边坡临时急流槽和排水沟,保证水路畅通,做到路基表面不积水,边坡不冲刷。

7.2.2 路基施工清理与掘除的地表土物应运至指定弃土场堆放,不得随意堆弃。

7.2.3 各类注浆作业均应加强地面观测,注意环境保护,及时清理浆液污染物。

7.2.4 路基挖方施工时,截水沟与路基挖方开口线之间的原地表植被不许破坏,最大限度地保护自然环境。路基填方施工时,应做好"五度"(填层厚度、压实度、横坡度、平整度、宽度)的控制,确保路基质量和排水顺畅。

7.2.5 取土场的设置应根据各地段取土性质、数量并结合路基排水、地形、土质、施工方法、节约用地、环保等统一规划;取土后的裸露面应按设计采取土地整治或防护措施。

7.2.6 弃土场的位置与高度应保证山体和自身稳定,不得影响附近建筑物、农田、水利、河道、交通和环境等;必要时应加设挡护或采取其他措施。

7.2.7 在有雨水地面径流汇集处、临时土堆周围及其他容易产生水土流失的地段开挖路基时,应设置临时沉淀池,使雨水流经时减慢流速使泥沙下沉,防止水土流失。待路基建成后,及时将临时沉淀池推平,进行绿化或还耕。

7.3 路面工程

7.3.1 路面各结构层施工应合理安排工序,尽可能减少废气、废渣、废水对环境造成污染。施工单位向周围生活环境排放废气、尘土,应当符合国家现行规定的《环境空气质量标准》。

7.3.2 科学安排附属工程与路面工程的交叉施工顺序,推行沥青面层"零污染"施工理念,禁止在已铺设沥青面层上拌和砂浆、直接堆放建筑材料、倾倒泥土、修理机械设备等。

7.3.3 施工废料、路面整型翻挖废料,以及中央分隔带的换填料、路肩废弃料应及时清运至指定场地集中处理。

7.3.4 沥青路面施工出入主线道口应设立洗车点,减少进场车辆对路面的污染。运输车辆应进行有效覆盖。

7.3.5 沥青路面碾压作业段的起始点应有标示牌,碾压区域应用专门的指示牌注明初压区、复压区、终压区。

7.3.6 路面摊铺作业时,要采取劳保措施防止沥青烟威胁施工人员健康。废沥青渣应及时处理。

7.4 桥涵工程

7.4.1 钻孔桩施工时,钻机需设工程标示牌,标明所施工桥名、墩台及桩位编号、护筒顶高程、设计桩长、桩径及桩底高程等。

7.4.2 钻孔桩施工应设置泥浆循环系统,防止泥浆外溢污染环境;沉淀池和泥浆池应分开设置,并设置防护栏和安全警示标志(图7.4.2)。制浆材料堆放处应有防水、防雨和防风措施,弃渣泥浆应及时外运,废弃后应回填处理。

7.4.3 水上桩基施工时,可利用相邻桩护筒作为循环池,多余的泥浆排放至泥浆船,远运排放,或用罐车抽取后排放,排放应符合环保要求,不得污染水源(图7.4.3)。

图7.4.2 陆上桩基泥浆池设置

图7.4.3 水上桩基泥浆船

7.4.4 挖孔桩施工孔口处设高于地面不小于30cm的护圈,孔口四周1.0m范围内用砂浆硬化;孔口不得堆集土渣、机具及杂物;孔口四周应搭设防护围栏和安全警示标志

(图7.4.4)。停止作业时,孔口应设置钢筋防护网,网格间距不得大于20cm。

7.4.5 基坑防护设置双横杆钢管防护栏,栏杆柱打入地面深度不少于50cm,防护栏埋设距基坑边缘不能小于50cm,立柱间距不大于3m;当基坑周边采用板桩时,钢管可打在板桩外侧。防护栏应挂设安全警示标志(图7.4.5)。

图7.4.4 人工挖孔防护

图7.4.5 基坑防护

7.4.6 现浇、悬浇箱梁以及预制梁板桥面应及时封闭,设置防护网和踢脚板。临时存放的施工材料应整齐,且不能集中堆放。定期对桥面进行清扫,保证桥面整洁、干净。

7.4.7 跨公路(铁路)桥梁施工封闭、防护应有专项方案。施工期间应设置防护棚架、防护网以及桥下限高架、防撞设施、减速信号标志等。

7.4.8 伸缩缝施工时所有伸缩缝材料应放置在封闭区内,平放防晒,加设防撞措施,设置警示标识,并及时清理沥青混凝土废料。

7.4.9 围堰施工时应考虑河床集中冲刷、通航及导流的影响。施工结束后,废弃的材料应及时清除。因围堰施工导致沟渠、河道淤塞的,应及时清理。

7.5 隧道工程

7.5.1 洞口场地布置应编制专项规划方案,上报监理工程师审批。方案应结合工程规模、工期、地形特点、弃渣场和水源等情况,本着因地制宜、充分利用地形、合理布置、统筹安排的原则编制(图7.5.1)。

7.5.2 隧道洞口场地应进行硬化处理,洞口空压机、料场、材料加工区、机械设备摆放区应设置合理。洞门附属工程完工后,及时对洞口进行绿化。

7.5.3 洞口应设置值班室,并有专人负责,设立人员、设备进洞登记制度;长大隧道宜配置门禁系统及电子安全监控系统(图7.5.3)。

图7.5.1 隧道洞口

图7.5.3 门禁系统

7.5.4 隧道施工照明电线敷设应整齐划一,和动力线路安装在同一侧时,应分层架设。在成洞段每15~20m设一个固定灯,近掌子面40m内若无敷线应配备移动式照明灯具,保证洞内照明充足(图7.5.4)。隧道衬砌台车等设备处应架设红色警示灯显示限界。

7.5.5 隧道施工现场各类通风管路应敷设平顺,接头严密,无扭曲、褶皱、漏风,并有专人负责检查、养护,破损时及时修复。

7.5.6 隧道洞内配备移动式沟槽辅料车,收集临时不用的辅料,保持洞内清洁(图7.5.6)。

图7.5.4 隧道施工照明

图7.5.6 洞内移动式辅料车

7.5.7 隧道已完成的衬砌段落应及时挂牌标明里程桩号,标志牌按20cm×10cm制作,白底红字;同时加强对成品的保护。监控量测各预埋测点设置专用标识牌,标明测点的名称、部位、编号、埋设日期等;同时应加强测点的保护,不得任意撤换和破坏。

7.5.8 成洞面开挖前应先在开挖面上修建截水沟,防止水土流失,并尽可能避开雨季施工。

7.5.9 隧道施工时在洞内对施工机械如空气压缩机、混凝土拌和机、送风机等加设隔音罩、隔音墙等设施。

7.5.10 爆破时应严格控制放炮时间,宜增设隔音门;采取特殊爆破方式,应进行周密的爆破管理。当隧道通过对振动有严格要求的结构物或地区时,采取低振动的爆破方法,必要时采取隧道掘进机施工,以减小振动。

7.6 附属工程

7.6.1 立柱、波形板、防阻块等卸装或转运时应做好防护措施,避免对浸塑、喷塑层的破坏和沥青路面的损坏。

7.6.2 封闭刺铁丝网等防护设施施工时,应尽量减少对周围农作物及植被的人为破坏。

附录 A 驻地标识标牌设置

驻地标识标牌设置见表 A-1 ~ 表 A-4。

建设单位驻地标识标牌标准　　　　　　　　　　　　　　表 A-1

标识名称	尺寸(长×宽,cm)	颜色、字体要求	标识内容及要求	设置位置
项目名称牌	250×35(竖牌)	金底黑字	建设项目名称及单位名称	驻地大门
党工委名称牌	250×35(竖牌)	金底红字	—	驻地大门
办公室门牌	28×10	金底红字	—	各办公室门墙上
宿舍门牌	18×10	金底红字	—	各宿舍门墙上
项目管理制度牌（含职责牌）	80×60	白底黑字	岗位职责、管理制度，要求在牌底部有单位名称	办公室、会议室
廉政监督牌	200×150	白底黑字	廉政制度、领导小组、监督小组及监督电话	会议室或驻地院内
工程简介牌	200×150	蓝底白字	—	会议室或驻地院内
安全保障体系	200×150	蓝底白字	—	会议室
质量保证体系	200×150	蓝底白字	—	会议室
消防保卫牌	200×150	蓝底白字	底部应标有火警电话119	会议室或驻地院内
项目平面图	400×150	蓝底白字	—	会议室或驻地院内
宣传栏	240×120(单窗)	—	可设置多窗	驻地院内

注：本表中各标识标牌的尺寸、字体、颜色、标识内容以及设置位置仅作参考，各项目可作相应调整。

监理单位驻地标识标牌标准　　　　　　　　　　　　　　表 A-2

标识名称	尺寸(长×宽,cm)	颜色、字体要求	标识内容及要求	设置位置
监理机构标识牌	250×35(竖牌)	金底黑字	项目名称及监理名称	驻地大门
党工委名称牌	250×35(竖牌)	金底红字	—	驻地大门
办公室门牌	28×10	金底红字	—	各办公室门墙上
宿舍门牌	18×10	金底红字	—	各宿舍门墙上
监理管理制度牌（含职责牌）	80×60	白底黑字	岗位职责、管理制度，要求在牌底部有单位名称	办公室、会议室
廉政监督牌	200×150	白底黑字	廉政制度、领导小组、监督小组及监督电话	会议室或驻地院内
工程简介牌	200×150	蓝底白字	—	会议室或驻地院内
安全保障体系	200×150	蓝底白字	—	会议室

续上表

标 识 名 称	尺寸(长×宽,cm)	颜色、字体要求	标识内容及要求	设 置 位 置
质量保证体系	200×150	蓝底白字	—	会议室
消防保卫牌	200×150	蓝底白字	底部应标有火警电话119	会议室或驻地院内
施工平面图	400×150	蓝底白字	—	会议室或驻地院内
宣传栏	240×120(单窗)	—	可设置多窗	驻地院内

注:本表中各标识标牌的尺寸、字体、颜色、标识内容以及设置位置仅作参考,各项目可作相应调整。

项目部驻地标识标牌标准　　　　　　　　　　　　　　　　　　表 A-3

标 识 名 称	尺寸(长×宽,cm)	颜色、字体要求	标识内容及要求	设 置 位 置
项目名称牌	250×35(竖牌)	金底黑字	项目名称及合同段名称	驻地大门
党工委名称牌	250×35(竖牌)	金底红字	—	驻地大门
办公室门牌	28×10	金底红字	—	各办公室门墙上
宿舍门牌	18×10	金底红字	—	各宿舍门墙上
项目管理制度牌（含职责牌）	80×60	白底黑字	岗位职责、管理制度,要求在牌底部有单位名称	办公室、会议室
廉政监督牌	200×150	白底黑字	廉政制度、领导小组、监督小组及监督电话	会议室或驻地院内
工程简介牌	200×150	蓝底白字	—	会议室或驻地院内
安全保障体系	200×150	蓝底白字	—	会议室
质量保证体系	200×150	蓝底白字	—	会议室
施工组织体系	200×150	蓝底白字	—	会议室
文明施工牌	200×150	蓝底白字	—	会议室或驻地院内
消防保卫牌	200×150	蓝底白字	底部应标有火警电话119	会议室或驻地院内
施工平面图	400×150	蓝底白字	—	会议室或驻地院内
工程立体效果图	400×150	白底彩图	—	会议室或驻地院内
宣传栏	240×120(单窗)	—	可设置多窗	驻地院内

注:本表中各标识标牌的尺寸、字体、颜色、标识内容以及设置位置仅作参考,各项目可作相应调整。

试验室标识标牌标准　　　　　　　　　　　　　　　　　　表 A-4

标 识 名 称	尺寸(长×宽,cm)	颜色、字体要求	标识内容及要求	设 置 位 置
工地试验室标识牌	80×60（横牌）	金底黑字	母体试验检测机构名称＋建设项目合同段名称＋工地试验室	驻地大门
办公室门牌	28×10	金底红字	—	各室门墙上
宿舍门牌	18×10	金底红字	—	各宿舍门墙上

续上表

标识名称	尺寸(长×宽,cm)	颜色、字体要求	标识内容及要求	设置位置
管理制度牌（含职责牌）	80×60	白底黑字	岗位职责、管理制度，要求在牌底部有单位名称	办公室、会议室
试验操作规程牌	80×60	蓝底白字	—	各仪器设备上方
消防保卫牌	200×150	蓝底白字	底部应标有火警电话119	会议室或驻地院内

注：本表中各标识标牌的尺寸、字体、颜色、标识内容以及设置位置仅作参考，各项目可作相应调整。

附录 B　场站标识标牌设置

场站标识标牌设置见表 B-1～表 B-3。

拌和站标识标牌标准　　　　　　　　　　　　　　　　　　表 B-1

标识名称	尺寸(长×宽,cm)	颜色、字体要求	标识内容及要求	设置位置
拌和站简介牌	200×150	蓝底白字	拌和的数量、供应主要构造物情况及质量、安全保障体系等	场地入口处
混凝土配合比牌	150×120	蓝底白字	—	拌和楼旁
材料标识牌	60×50	蓝底白字	—	材料堆放处
操作规程	80×60	蓝底白字	各机械设备操作要求	机械设备旁
消防保卫牌	200×150	蓝底白字	底部应标有火警电话119	场内
安全警告警示牌	按国标制作	—	—	各作业点

注：本表中各标识标牌的尺寸、字体、颜色、标识内容以及设置位置仅作参考，各项目可作相应调整。

钢筋加工场标识标牌标准　　　　　　　　　　　　　　　　表 B-2

标识名称	尺寸(长×宽,cm)	颜色、字体要求	标识内容及要求	设置位置
加工场简介牌	200×150	蓝底白字	钢筋加工的数量、供应主要构造物情况及质量、安全保障体系等	场地入口处
材料标识牌	60×50	蓝底白字	—	材料堆放处
操作规程	80×60	蓝底白字	各机械设备操作要求	机械设备旁
钢筋大样图	60×50	蓝底白字	所加工钢筋的尺寸、型号及使用部位等	钢筋(半)成品旁
消防保卫牌	200×150	蓝底白字	底部应标有火警电话119	场内
安全警告警示牌	按国标制作	—	—	各作业点

注：本表中各标识标牌的尺寸、字体、颜色、标识内容以及设置位置仅作参考，各项目可作相应调整。

预制场标识标牌标准　　　　　　　　　　　　　　　　　　表 B-3

标识名称	尺寸(长×宽,cm)	颜色、字体要求	标识内容及要求	设置位置
预制场简介牌	200×150	蓝底白字	预制梁板的数量、供应主要构造物情况及质量、安全保障体系等	场地入口处
施工平面布置图	80×60	蓝底白字	—	场内
工艺流程图	80×60	蓝底白字	预制、张拉、压浆工艺流程	相应操作处

续上表

标识名称	尺寸(长×宽,cm)	颜色、字体要求	标识内容及要求	设置位置
操作规程	80×60	蓝底白字	各机械设备操作要求	机械设备旁
材料标识牌	60×50	蓝底白字		材料堆放处
混凝土配合比牌	150×120	蓝底白字		拌和楼旁
钢筋大样图	60×50	蓝底白字	所加工钢筋的尺寸、型号及使用部位等	钢筋(半)成品旁
消防保卫牌	200×150	蓝底白字	底部应标有火警电话119	场内
安全警告警示牌	按国标制作	—	—	各作业点

注:本表中各标识标牌的尺寸、字体、颜色、标识内容以及设置位置仅作参考,各项目可作相应调整。